AF242494

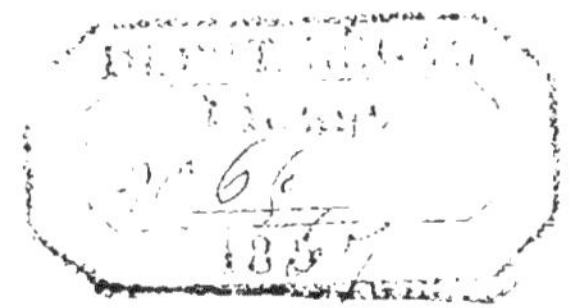

CONSTANT DES CHEZEAUX

ET

SES COLLABORATEURS

NOTE

SUR

UN COMMENTAIRE DE LA COUTUME DU POITOU

Publié en 1659

DISCOURS

PRONONCÉ

A L'OUVERTURE DES CONFÉRENCES

le 19 janvier 1867

PAR

C. ANDRAULT

Avocat.

POITIERS

IMPRIMERIE DE A. DUPRÉ

RUE DE LA MAIRIE, 10.

1867.

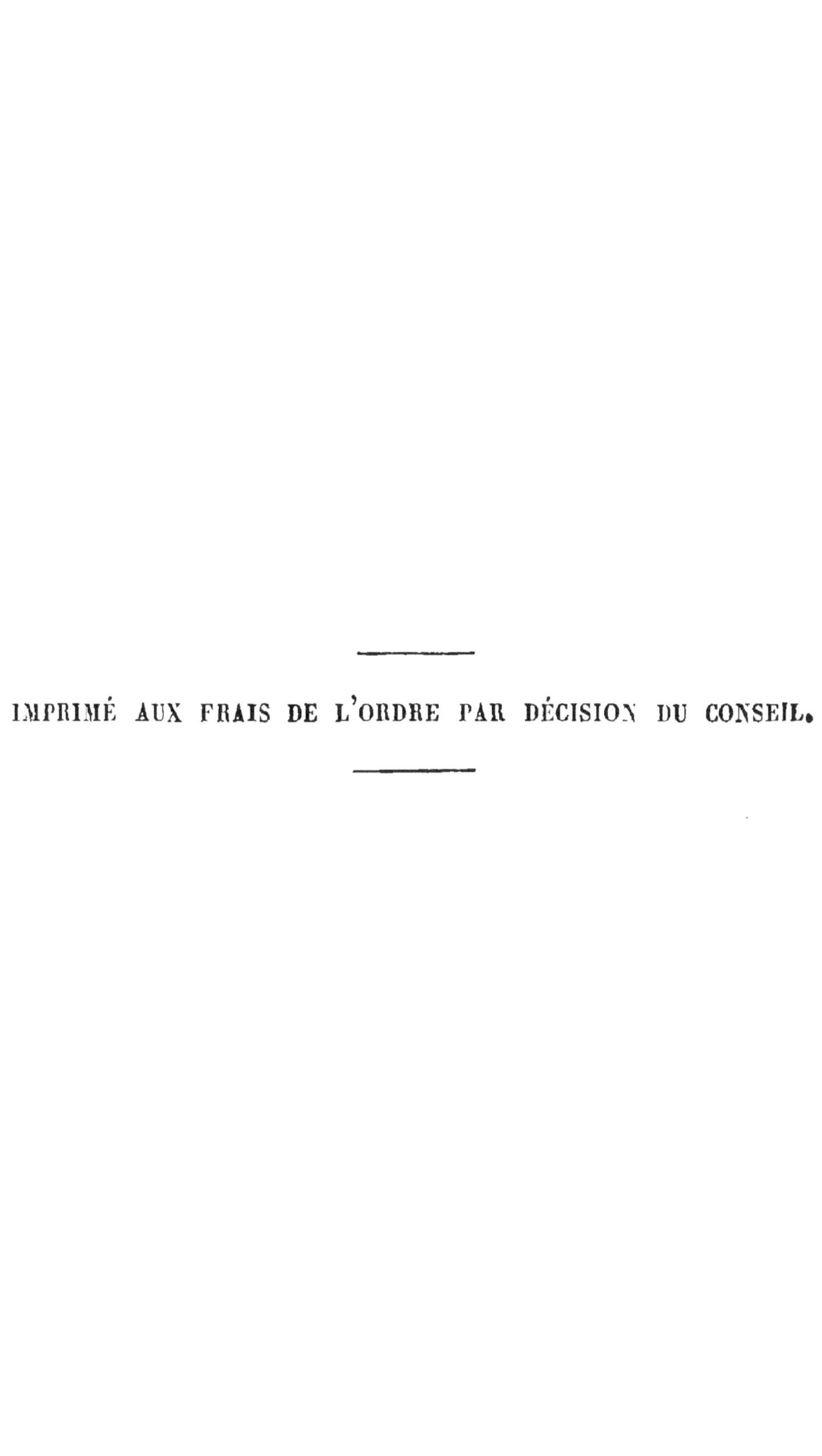

L'ouverture de la Conférence des avocats a eu lieu le samedi 19 janvier 1867, à une heure, dans la 1re chambre de la Cour. Me Orillard, bâtonnier de l'Ordre, présidait. Il était assisté de Mes Abel Pervinquière, Calmeil, Bourbeau, Ernoul, Fey, Pallu, membres du Conseil de l'Ordre. Plusieurs avocats inscrits au tableau, Mes Ducrocq, Calmeil fils, Dubeugnon, Sauzeau-Puyberneau, Thézard, Ricaume, Orillard fils, Blondet, Guestier, H. Pallu, etc., assistaient à cette séance solennelle. La barre est occupée par les avocats stagiaires.

La parole est donnée à Mes Clappier et Andrault pour prononcer les discours d'usage.

CONSTANT DES CHEZEAUX

ET

SES COLLABORATEURS

NOTE

SUR

UN COMMENTAIRE DE LA COUTUME DU POITOU

Publié en 1659.

Monsieur le batonnier,

Messieurs,

Le 15 octobre 1559, s'accomplissait, au palais de justice de Poitiers, un événement grave pour la province, solennel pour ses magistrats et ses jurisconsultes. En vertu de lettres patentes du roi de France, Christophe de Thou, président ; Barthélemy Faye et Jacques Viole, conseillers au Parlement de Paris, procédaient à une révision et à une nouvelle rédaction de la Coutume.

A cette époque, notre ville comptait au nombre de ses habitants une famille de jurisconsultes qui n'a pas fourni à son présidial moins de neuf avocats du roi ou conseillers. Un de ses membres, Jean Boiceau, célèbre orateur du barreau de Paris, en était venu avec les hommes de loi chargés d'assister la commission dans ses travaux. Il prit à ceux-ci une part importante en y apportant le concours de ses lumières personnelles ; et, plus tard, trois de ses proches, Constant de Chaumont, Jean Constant et Constant des Chezeaux, unissant leur expérience à ses souvenirs, firent, sur cette rédaction de la Coutume du Poitou, le commentaire qui porte le titre de *Responsa Borderii Bosselli et Joanni Constantii.* La part principale dans cette œuvre commune revient au dernier, Constant des Chezeaux, fils de Jean Constant et petit-fils de Constant de Chaumont. C'est lui, en effet, qui a disposé, mis en œuvre et fait publier les matériaux fournis par les quatre collaborateurs ; mais j'aurai nécessairement, dans l'analyse du livre, à parler des trois premiers. Je suivrai d'ailleurs, Messieurs, leurs biographies aussi brièvement que possible, dans quelques considérations sur l'histoire générale du temps, qui me seront indispensables.

La Coutume du Poitou est le sujet unique des *Responsa.* Dreux-Duradier, auteur d'une histoire littéraire et scientifique poitevine, adresse, au point de vue purement juridique, de sévères critiques à quelques-unes d'entre elles ; mais il y reconnaît un très-bon guide dans la matière des fiefs et juridictions, qui à elle seule occupe la moitié du texte. « Ce sont, définit-il les *Responsa,* d'excellents mémoires sur la Coutume du Poitou. » On y trouve en effet d'intéressantes notions sur l'histoire de cette Coutume.

Sous l'ancienne monarchie, le développement progressif de notre droit s'opérait autant par l'action lente et continue de la jurisprudence, que par l'intervention peu fréquente des ordonnances royales. Ceux qu'on appelait les praticiens devaient donc y avoir une part d'influence très-grande. Il suffit, pour s'en convaincre, de lire la préface des *Responsa* et le procès-verbal de la rédaction de la Coutume qui les termine.

Dans ses considérations générales, et c'est là qu'il excelle, Constant nous montre le droit français dérivant, dans le principe, d'enquêtes sur les usages locaux constatés par témoins : c'est ce qu'il appelle l'*inquisitio* ou l'*informatio per turbas*. Non-seulement les lois ne sont pas codifiées, ne sont pas les mêmes pour chaque justice, mais encore chaque tribunal a ou peut avoir à appliquer, dans des procès de même nature, plusieurs législations différentes. En effet, dans un ressort étendu comme celui du présidial de Poitiers par exemple, il y avait autant d'usages locaux en vigueur, que de nos jours il pourrait s'en trouver dans toute la France, d'appelés à compléter un même article du Code Napoléon. D'autre part, il était difficile aux juges de connaître avec précision toutes les dispositions de la Coutume, variables, dans leur juridiction, d'une localité à l'autre. Ils étaient donc forcés de les considérer comme un fait à prouver, exemple que suivent encore les tribunaux français, quand on argue devant eux d'une loi étrangère. Tel était le principe de l'*inquisitio per turbas*, que Constant, et Boùcheuil après lui, expliquent avec détails. Un conseiller du présidial se transportait dans la localité d'où venait le procès, et là il interrogeait, sur l'existence de la prétendue coutume, une ou deux turbes, c'est-à-dire réunions de dix praticiens et jurisconsultes du lieu ; leur consultation avait force de loi dans l'espèce. Des documents de cette nature durent être une des sources importantes du texte des Coutumes rédigées par ordre du roi. Le pouvoir conféré aux commissaires d'abroger et de corriger avait pour but principal d'imposer à tous les justiciables la coutume pratiquée par la majorité d'entre eux ; de substituer à diverses lois du long usage, une loi unique imaginée de ce même long usage ; et il était très-important de distinguer, pour l'effet rétroactif de la promulgation du nouveau texte, les justiciables dont le droit avait changé, d'avec ceux dont le droit était resté le même.

Malgré la défense expresse d'appliquer d'autres coutumes que celles consacrées par le texte nouveau, la diversité des pouvoirs judiciaires et administratifs, variables d'une seigneurie à l'autre, offrait un tel obstacle à l'unité de législation, que, sous prétexte d'interpréter des points obscurs ou contestés, on recourait encore à l'*informatio per turbas ;* de là, nouvelle rédaction par autorité royale et prohibition d'enquêtes par témoins sur le fond du droit.

La préface des *Responsa* contient ces détails. Je vous demande la permission de passer, pour les compléter, au procès-verbal de rédaction de la Coutume, en m'aidant d'une citation des Instituts de Justinien ; on y lit :

Ex non scripto jus venit, quod usus comprobavit ; nam diuturni mores, consensu utentium comprobati, legem imitantur.

Je ne recherche point, Messieurs, si les membres du Parlement de Paris qui composaient la commission royale pouvaient avoir des traits de ressemblance avec les *magistratus senatorii interrogantes*, ou telle classe de *prudentes;* si le gouvernement de l'ancienne monarchie invoquait une loi Regia ou quelque chose d'approchant, ni s'il avait admis dans une certaine limite la règle : *Æquum visum est senatum vice populi constitui*. Sans doute, il serait faux de représenter la force de loi donnée à la rédaction officielle des coutumes, comme puisant sa source dans le consentement des justiciables ; mais, même dans cette dernière appréciation, les plus grandes réserves doivent être faites. Le consentement résultant du long usage est une autorité naturelle si puissante, que, précisément dans la substitution qui lui est faite de la sanction royale, son influence devenue doctrinale reste un guide prépondérant. Elle apporte les modifications les plus curieuses à ce que les Instituts ou les modernes nommeraient un vote de loi. Je repousse cette dénomination comme inapplicable, et, forcé de me restreindre sur ce point, digne des études les plus approfondies, j'essaye d'en rendre l'indication aussi nette que possible, en la calquant sur le procès-verbal.

Le nouveau travail de rédaction préparé, Christophe de Thou, Barthélemy Faye et Jacques Viole requièrent le sénéchal de Poitou, en vertu de lettres patentes du roi, de donner à tous les habitants du ressort l'ordre d'envoyer des mandataires choisis par eux. A cette époque, les principes de la représentation élective semblent à peine pressentis ; l'esprit de loca-

lité domine ; une foule de considérations s'y mêlent.
Si de vagues instincts de liberté politique surgissent,
on s'en effraye autant qu'on la désire. On se défie de
ce que feront ces mandataires dont le choix sera un
embarras insolite, dont le coûteux voyage sera le prétexte d'une nouvelle. demande d'argent. Aussi le roi
est-il forcé de décerner une contrainte qui rende au
besoin cet ordre obligatoire pour les gens des trois
états , et ce par saisie de leurs biens. Mais il n'use de
son autorité qu'avec les plus grands ménagements , et
pour ainsi dire sous le prétexte de connaître les oppositions qui seront faites à sa décision surtout déclara-
tive des coutumes, de les recevoir , et d'en donner
acte. D'ailleurs l'obligation imposée est subordonnée à
ce fait que les mandants auront décidé l'envoi d'un
mandataire, et en auront par conséquent reconnu
l'utilité ; car ils peuvent faire défaut à l'assemblée générale. Seulement ils sont par là réputés s'en rap-
porter entièrement aux lumières de la commission, et
soumis de plein droit à la loi nouvelle établie par elle.
On voit dans le procès-verbal que le nombre des défaillants fut très-considérable. La confiance était donc
grande dans la royauté, dans son but si noble et si
utile de remédier aux abus de l'*informatio per turbas*,
énormes par les incertitudes dans le droit, les frais
réitérés de procédure, les procès sans fondement
qu'elle multipliait. Aussi bien la justice commençait à
se défier du témoignage des hommes, et à la règle :
témoins passent lettres, était substituée la règle : lettres
passent témoins.

La royauté enfin n'imposait pas sa loi par un

ordre inflexible. La formule : car tel est notre bon plaisir, s'appuyait, en cette matière, sur une prévision des plus sages et des plus habiles. Non-seulement, pour provoquer de la part des localités l'envoi de mandataires, la royauté leur offrait en retour la simplification de la procédure, la réduction considérable des incertitudes, des lenteurs, des frais ; mais encore elle donnait aux pays représentés, et à eux seuls privativement, le droit de faire opposition à la décision législative, quelle qu'elle fût, prise par la commission ; et cela à fin d'un recours qui, porté devant un juge suprême, pouvait aboutir au maintien de leur droit particulier. Le besoin de réformes était tel, que les oppositions furent peu nombreuses. La royauté était sûre, en les combattant, d'avoir pour elle le sentiment public, qu'elle avait consulté et ménagé, qu'elle suivait dans son élément le plus ancien et le plus durable. Souvent les seigneurs, les localités qui avaient refusé de se ranger à la loi commune, finissaient par l'adopter de leur propre mouvement, sentant bientôt la faiblesse où les laissait leur isolement. Le procès-verbal des opérations de la commission contient la liste des mandataires qui répondirent à son appel : dix pages in-folio en sont remplies. L'énumération des défaillants en occupe une. Le nombre des observations présentées à la lecture de chaque article est considérable : le plus souvent la commission les admet et en tient compte, en les faisant entrer dans le nouveau texte. Quand elle les rejette, elle donne acte des remontrances et protestations « pour se pourvoir sur icelles, ainsi qu'il appartiendra par raison. » Mais le nombre des oppositions à l'ensemble de la rédaction officielle est à peu près nul et se réduit à trois.

Le seigneur de Secondigny, en mission du roi, n'a pu se consulter sur son acquiescement en tout ou partie, et se réserve de faire valoir ses droits ultérieurement.

Le châtelain de Varaize se dit tenu en fief et hommage de la vicomté d'Ançay, et soumis au ban et à l'arrière-ban de Saintonge.

Enfin la ville du Dorat se prétend justiciable du Parlement de Paris, tout en étant régie par le droit écrit et par des coutumes autres que celles du Poitou. Constant rapporte, dans sa préface, l'histoire de cette opposition qui fut validée. On voit cependant, à une époque rapprochée de cette date, la ville du Dorat renoncer d'elle-même à ses priviléges judiciaires particuliers.

Tel était, Messieurs, le cadre sur lequel devait porter le travail de Constant des Chezeaux et de ses collaborateurs. Il se divise en trois parties.

La première, écrite en latin, est l'œuvre de Boiceau, continuée par son élève Constant de Chaumont. C'est un commentaire complet et par articles de la Coutume du Poitou.

La deuxième porte le titre d'Additions ; elle est due au fils de Constant de Chaumont, Jean Constant, et à son petit-fils, Constant des Chezeaux. C'est un recueil de questions controversées.

La troisième se compose de quelques arrêts réunis sous le titre d'Obmissions. C'est une compilation de décisions textuellement citées, et collectionnées sans doute par Constant des Chezeaux.

Pour apprécier cet ensemble, il est nécessaire de se reporter en quelques mots à l'état social et politique du temps où vécurent les quatre collaborateurs. Nous venons de voir la petite ville du Dorat à la fois justiciable du Parlement de Paris et soumise au droit romain plutôt qu'aux coutumes. Elle était, comme Poitiers, située à une distance à peu près égale des pays de droit écrit et des pays coutumiers, sur leurs frontières. Il pouvait déjà résulter de là une tendance particulière, dans la méthode des jurisconsultes poitevins, vers la recherche de l'assimilation du droit français et du droit romain. On voit quelle importance leur influence en devait prendre dans le développement général de la législation française. D'autres circonstances, spéciales à l'époque, assuraient au mérite des auteurs des *Responsa*, une valeur personnelle à laquelle il fut donné rarement aux jurisconsultes de s'élever.

C'est au milieu des plus terribles discordes sociales qu'ils durent commencer et continuer leur œuvre. Sous François II, mort à 18 ans ; sous Charles IX, mort furieux ; sous Henri III, mort assassiné, Catherine de Médicis gouverne, et ses maximes sont les doctrines de Machiavel. Les mignons et les huguenots, les ligueurs et les politiques, Henri de Bearn et les Seize, tout, hormis la puissance nationale, se dispute la possession de la France. Loin d'être le point de centre autour duquel se groupaient précédemment les tendances d'unité nationale, le principe de la légitimité et du droit divin est le prétexte des troubles.

J'ai à vous faire, Messieurs, l'analyse d'un commentaire, et non le tableau social et politique d'une époque. Mais je ne puis me dispenser d'une remarque importante, spéciale à notre province. La guerre civile est générale jusqu'à la prise de Paris par Henri IV. Déjà elle tend à se concentrer en Poitou, en Saintonge et en Gascogne, pays situés entre Paris et la Navarre. Mais enfin, partout ailleurs, la France est en armes. A partir du véritable avénement de Henri IV, la prise de Paris, la paix renaît. En Poitou seulement, les protestants, qui se croient menacés par la conversion du roi, ne veulent pas renoncer à leur turbulente indépendance. Leurs menées y sont actives jusqu'à ce que Richelieu, par la prise de la Rochelle, mette fin à une lutte acharnée. Pendant ce temps, Paris et le reste de la France jouissent d'un repos relativement complet, et c'est quand les troubles y recommencent, c'est-à-dire sous la Fronde, que la guerre cesse en Poitou.

A l'époque de la prise de Paris, Constant de Chaumont avait environ vingt-six ans. Il y était allé étudier le droit, et déjà il y était devenu célèbre, car ses contemporains nous apprennent qu'il fut l'émule de René Chopin et d'Anne Robert. On sait quel était l'état de la capitale sous la domination de Mayenne, des Espagnols et des Seize. Le Parlement avait vu plusieurs de ses membres périr victimes des factions, et si les magistrats donnèrent alors d'admirables exemples de fermeté, les avocats, les jurisconsultes ne montrèrent pas moins de courage. Les auteurs de la Ménippée, qui bravèrent avec tant d'audace la colère des partis, ne comptaient pas dans leurs rangs que des poëtes et des pamphlétaires. Nicolas Rapin, grand prévôt de la connétablie, s'était mis à leur tête ; et à leurs mordantes satires, le grave Pierre Pithou lui-même ne dédaigna pas de prêter l'appui de la plus forte éloquence. Leur appel intrépide favorisa activement l'accroissement du nombre des politiques, et hâta, avec l'avénement de Henri IV, la fin des troubles.

Constant dut être l'ami de ces hommes dévoués au bien public. Il était du moins celui de Nicolas Rapin, son compatriote, qui lui prodigue les épithètes d'astre, d'étoile du Poitou. Mais il ne paraît pas avoir pris une part active à leurs luttes. Peut-être avait-il déjà quitté la capitale. A en juger par ses œuvres, Poitiers offrait un théâtre bien mieux approprié à son genre d'esprit. L'école de Paris, au milieu des conflits politiques, devait plier aux conjonctures présentes la direction de ses travaux juridiques. Il lui était difficile de consacrer ses efforts principalement à la fusion du droit romain et du droit français, œuvre capitale dans tous les temps, et qui devait l'être sourtout après la renaissance. Le Poitou, voisin du pays où naissait la philosophie de Montaigne, fut peut-être alors le refuge de ce vieil esprit des légistes, dont les luttes contre les seigneurs féodaux avaient jadis créé les communes, avec l'appui de la royauté. Entourée de tous côtés par des armées ennemies tour à tour victorieuses ou battues, notre ville n'appartenait pas à une faction plutôt qu'à une autre. Ni la poésie de cour des membres de la pléiade, ni la verve des pamphlétaires de la Ménippée n'avaient à y trouver d'écho. On ne songeait qu'à en défendre l'entrée aux troupes de tous les partis. L'esprit municipal était le lien politique dominant, le prestige de la monarchie, comme son autorité, faisant défaut. On devait, à Poitiers, voir dans le droit la raison humaine par excellence, aussi bien que l'arme temporelle nécessaire. Constant de Chaumont ne fut pas seulement jurisconsulte et avocat du roi ; il fut maire, échevin, capitaine de la ville. Je n'ai trouvé aucun document historique sur ses actes en cette qualité. J'imagine en lui un chef de ces bourgeois dont M. Augustin Thierry, dans un magnifique panégyrique, a réhabilité le courageux patriotisme. Il paraît, du reste, s'être retiré de bonne heure de la vie active, pour se consacrer entièrement à ses travaux de science abstraite. J'ai déjà dit qu'on lui doit la part la plus importante dans la composition du commentaire par articles de la Coutume.

Il l'écrit en latin ; le style de la pléiade ne convient pas à son sobre raisonnement, et d'ailleurs la méticuleuse correction de Malherbe n'a pas encore réformé le français. Il aime, dans leur énergique précision, les rudes et impératives consonnances de la loi des Douze Tables ; et les modèles de la littérature romaine qu'on vient de remettre en crédit, ne lui inspirent pas de dédain pour la belle langue de Gaïus et d'Ulpien. Il n'emploie qu'elle et s'efforce de ne pas la déparer. Au moins la pratique-t-il assez pour qu'elle semble chez lui usuelle et vivante. Son commentaire y gagne en netteté, mais y perd aussi pour nous, car parfois de trop savantes expressions le rendent fatigant à la lecture. Sans doute il n'en était pas de même pour ses laborieux contemporains ; tous pratiquaient ce langage comme le leur. La première page du livre est couverte de félicitations, où les jurisconsultes du temps semblent s'être défiés à son honneur en prose, vers grecs et latins. Si ces témoignages peuvent être suspectés de complaisance, dans de graves dissertations on trouve ses opinions citées et approuvées avec les plus grands éloges. « C'est aussi notre usage, dit l'avocat Jean Umeau à propos d'une controverse sur les successions ; c'est aussi notre usage, attesté par le célèbre Jean Constant, notre dernier commentateur, dont le sentiment est d'un grand poids, soit qu'on ait égard à son profond savoir, qui l'a distingué au Parlement de Paris comme au présidial de Poitiers, soit qu'on considère sa probité et sa grande expérience qui lui ont acquis le premier rang parmi les avocats consultants, après avoir passé de la place d'avocat du roi à la barre des avocats. »

Un autre jurisconsulte du temps dit encore : « Constant a pénétré les plus sombres obscurités du droit municipal de sa patrie. La force de son génie a fait briller le grand jour, là où on ne trouvait que ténèbres, etc. » Et plus loin : « Dans l'opposition des sentiments, c'est encore à celui de Constant qu'on donnera toujours la préférence. »

Le temps et l'autorité me manquent également, Messieurs, pour décider si ces louanges sont méritées au point de vue purement juridique. Je constate seulement que les *Responsa* de Boiceau et de Constant font encore partie d'un grand nombre de bibliothèques, et sont souvent consultées de nos jours dans de savants travaux pratiques. Mais je dois insister sur la partie la plus considérable et vraiment caractéristique du livre, celle qui est relative au droit féodal. Quelques exemples suffiront pour manifester la haute importance sociale des difficultés qu'il y avait à vaincre. Je choisis dans la préface ce que l'auteur signale à l'attention, et, en appréciant ses opinions, je prends pour guide Boucheuil, qui les cite.

Après avoir, dans ses généralités, traité de ce qui se rapporte à l'*inquisitio per turbas*, prolégomène de droit constitutionnel plutôt que civil, il aborde les difficultés relatives à la délimitation du territoire que doit régir la coutume rédigée par la commission royale. Les localités qui s'y étaient portées opposantes se soumettaient peu à peu ; leurs usages tombaient en désuétude ; la force des choses les ramenait à l'unité ; mais ce ne fut pas sans de nombreux procès, auxquels Constant, avocat du roi, prit une part considérable. De graves questions compliquaient encore le droit, malgré ces progrès. La coutume est-elle réelle ou personnelle? Il décide qu'elle est réelle, et cette solution, quelle qu'en soit la valeur au point de vue de la logique du droit coutumier, était seule de nature à conserver au travail de rédaction son entière utilité. Car les personnes auraient pu échapper facilement à un droit qui leur était contraire, si ce droit n'eût saisi d'abord et en principe les biens territoriaux. Cependant il existait, notamment entre l'Anjou et le Poitou, des pays mixtes appartenant à l'une et l'autre coutume. On pouvait aussi, dans une succession, hériter à la fois de biens situés en Poitou et en Anjou. Comment en régler le partage entre un héritier poitevin et un héritier angevin? Par un procédé bizarre en apparence, mais que les légistes du temps s'efforcèrent de concilier avec le principe si nécessaire de la réalité des coutumes, on jugera, pour une moitié de l'hérédité, d'après la coutume du Poitou, et, pour l'autre moitié, d'après la coutume de l'Anjou. Quant aux actions personnelles, ce système était toujours suivi en Poitou. Dans l'Anjou, la loi du premier juge saisi était seule appliquée.

Les anciens jurisconsultes s'étaient exercés à débrouiller cette obscure confusion et à y remédier de leur mieux. Ainsi ils avaient décidé que la coutume ou la juridiction d'un héritage, serait celle du lieu où le possesseur en payerait la taille. Plus tard, on voit la monarchie leur venir en aide, et établir des présidiaux spéciaux pour les marches. A Château-Gontier par exemple, une justice fut créée pour la marche commune d'Anjou et de Poitou.

Avocat du roi à Poitiers, Constant de Chaumont dut avoir une influence considérable dans la part que prit le pouvoir royal à ces réformes. Mais ayant de bonne heure résigné ses fonctions en faveur de son fils Jean Constant, élevé à son école, il lui laissait en même temps à soutenir ses théories sur le siége du ministère public. Le résumé de la jurisprudence à la formation de laquelle Jean Constant contribua ainsi, constitue la seconde partie des *Responsa* intitulée Additions. Elle vient à l'appui des solutions du commentaire écrit en latin, et est empreinte du même esprit.

La rédaction de notre Coutume, les travaux de ses

commentateurs auraient imprimé un vif essor aux progrès de la législation en Poitou. Sully, ancien gouverneur de cette province, Richelieu, qui y était né, avaient secondé puissamment ces efforts. Si les protestants n'étaient pas encore complétement soumis, la noblesse commençait à courber la tête ; mais elle n'en luttait judiciairement pour ses priviléges qu'avec plus d'obstination. Constant avait à défendre l'action à la fois conciliante et civilisatrice de la royauté ; ses vues se tournèrent principalement vers le droit féodal, auquel se rapportent la plupart des arrêts cités dans les additions.

Le retrait féodal avait été inventé pour que le respect des droits seigneuriaux n'eût pas l'effet de frapper les biens de mainmorte. Si le vassal avait pu aliéner ses biens sans le concours du seigneur, celui-ci aurait vu ses priviléges menacés, et par là aurait été poussé à la résistance armée. Quant au vassal, ne pouvant librement transmettre sa propriété, il eût été dans de mauvaises conditions pour la faire concourir au développement des richesses publiques. Constant chercha à multiplier les applications du retrait féodal et à en simplifier la procédure.

Le vassal était absolument libre de disposer de son bien et pouvait le vendre. Cette vente, quelles qu'en fussent les conditions, était valable en principe, et quant à lui, irrévocable. Il avait bien l'obligation de dénoncer, d'exhiber son contrat au seigneur à la mouvance duquel il appartenait ; mais celui-ci devait alors soit accepter pour vassal l'acquéreur, soit lui rembourser son prix de vente et se substituer simplement à tous ses avantages et devoirs. Il n'avait donc nullement à intervenir dans les conditions de la vente. Aucune gêne n'existait pour le vassal, absolument libre de se soustraire à son autorité. Cette partie de la législation était capitale dans le grand travail d'unification qui s'effectuait activement entre toutes les provinces de la France. Pour conserver sa puissance, en tant que domination arbitraire et privilégiée, le seigneur devait pouvoir disposer constamment de sommes d'argent considérables et parer à toute éventualité de retrait. Mais à cette époque, d'institution militaire et de gouvernement territorial, l'aristocratie nobiliaire commence à devenir une puissance de cour, d'influence. Il faut voir, Messieurs, dans les mémoires du temps, quel était son faste, quelles étaient ses dépenses. Le tiers état, laborieux, producteur, commerçant, avait déjà le maniement de l'argent. La force des choses devait le conduire à entourer partout la noblesse d'un milieu étranger à son institution..

Toujours est-il que la faculté de retrait était souvent transformée par le seigneur lui même en un simple tribut pécuniaire, la dette de lods et ventes, dont le taux avait été généralement fixé par l'usage. Peu onéreux et se partageant entre l'acheteur et le vendeur, l'acquittement de lods et ventes leur était très-favorable ; mais, en facilitant les transactions par la chance qu'il évitait à l'acheteur d'être évincé, il faisait à un autre point de vue, naître des procès sans nombre. Avec le retrait féodal, le seigneur devait opter entre tout ou rien ; l'exercice en nécessitait une revendication matérielle du domaine. Au contraire, la dette de lods et ventes donnait lieu à une action personnelle, et on voit dans les auteurs que la limite des contrats auxquels elle s'appliquait, était aussi étendue que mal définie; son origine unique, la prérogative du seigneur, pouvait être froissée par l'acte le plus simple.

En cette matière, il n'y avait aucun inconvénient, au point de vue de l'intérêt général, à interpréter le droit *stricto sensu*. Constant décide volontiers dans ce sens. Ainsi, la renonciation de succession faite par une fille en faveur de mariage ne sera pas sujette au payement de lods et ventes.

L'option du seigneur entre l'exercice de ce droit ou celui de retrait féodal est encore une source de nombreuses difficultés. Constant décide que le seigneur peut opter pour le retrait féodal, même après saisie faite à défaut de l'acquittement des lods et ventes.

L'exercice du retrait féodal nécessitait la fixation de délais pour l'exhibition du contrat de vente et pour la déclaration d'option. Une sanction pénale fut portée contre le vassal qui ne dénoncerait pas le contrat dans le temps voulu; ce fut une amende de 6 sols 6 deniers, quand il laissait passer le délai de quarante jours; quand il attendait l'année, l'amende était de 60 sols, et on demandait si, dans ce dernier cas, l'amende de 60 sols devait être cumulée avec celle de 6 sols 6 deniers. Tels étaient les principes de droit pénal à cette époque, que la question fut vivement débattue. Notre commentateur concourut à la faire résoudre négativement.

Le vassal ainsi contraint de remplir ses devoirs, il importait de lui en faciliter l'accomplissement. Si l'exhibition du contrat avait dû être faite au seigneur lui-même, à sa personne, ses absences souvent fréquentes et prolongées auraient pu mettre l'acheteur et le vendeur dans le plus grand embarras. Il fut décidé que, faite au procureur près la justice du lieu , l'exhibition vaudrait. On était tellement peu disposé à la conciliation, à la facile entente , qu'on discutait même sur le point de savoir si une copie dûment collationnée du contrat, et non le contrat lui-même, suffisait pour l'exhibition ; on résolut la question affirmativement. Des résistances de cette sorte seraient inexplicables aujourd'hui ; elles étaient naturelles alors. Le droit féodal tenait le plus grand compte des convenances personnelles , qui faisaient la base des rapports entre l'homme lige et le seigneur. Celui-ci devait voir avec peu de faveur des formes de procédure se substituer à l'arbitraire de ses appréciations, de son choix ; il fallut, pour en arriver là, faire passer d'abord dans la pratique , par des moyens détournés, cette règle très-importante que le droit de retrait était inhérent à la mouvance, et non à la personne.

En facilitant la promptitude des transactions à l'avantage du vassal , il ne fallait cependant pas dépasser le but. Le contrat d'aliénation pouvait contenir des conditions, des charges compliquées. Telles circonstances étaient de nature à en rendre l'examen long, difficile ; on ne devait pas agir par surprise, ni invoquer contre le droit d'option une prescription trop hâtive. Constant décide que le vassal n'aura qu'après trente ans le bénéfice de prescription, si ventilation n'a pas été faite. Du reste, le seigneur est privé de la jouissance de ce délai quand, avant l'exhibition, il a opté pour le droit de lods et ventes, et lors même que sa réclamation aurait déjà été portée en justice.

A côté du droit de retrait féodal, qui intéressait la propriété même des fiefs, se plaçait la législation relative à l'organisation des juridictions, qui changeaient en quelque sorte de maître avec eux. C'eût été peu de décider que la coutume était réelle, que l'hommage était attaché à la mouvance et non à la personne, si le siége des juridictions avait pu être déplacé par l'effet d'une volonté arbitraire. La jurisprudence obligea les juges inférieurs à rendre la justice au lieu même de leur siége, avec défense de le transporter ailleurs. Seul, le seigneur pouvait varier l'endroit où il tenait ses assises, parce que, dans ce cas, il s'agissait d'atteintes portées à la prérogative seigneuriale, « du recouvrement, dit Constant, de ses droits seigneuriaux et féodaux. Au contraire, ajoute-t-il, la justice ordinaire a esté establie en considération des sujets, parce qu'un seigneur est tenu de faire rendre la justice à ses sujets sur les lieux, en considération des devoirs qu'ils lui payent. »

Dans ces questions d'intérêt général, il fallait à notre commentateur se montrer en quelque sorte homme d'État. Des causes plus humbles s'offraient à sa sollicitude de magistrat, et il n'y apporta pas moins d'attention. Un esprit d'humanité tendait à diminuer les priviléges qui imposaient de lourdes charges au peuple, affreusement épuisé déjà par la guerre civile. Pour contraindre ses tenanciers à faire moudre à son moulin, le seigneur devait-il prouver son droit

par un titre certain de propriété? Constant résolut, non sans hésitations, la question négativement,
parce que c'eût été souvent demander l'impossible au
seigneur. Mais il fit juger que ce droit ne pouvait être
cédé qu'avec le fief même; que quand un tenancier
achetait du blé d'un autre seigneur, à condition de
moudre au moulin de celui-ci, son seigneur à lui ne
pouvait le contraindre de moudre à son propre moulin.

Je ne veux pas, Messieurs, fatiguer plus longtemps
votre patience de ces exemples; je laisse de côté les
solutions compilées sous le titre d'Obmissions. Elles
n'ont pas un caractère différent de celui des additions,
comme documents juridiques, et ce ne sont que des
arrêts textuellement cités, où le commentateur n'indique pas son opinion. Trop concis et trop peu versé
dans ces matières pour avoir pu vous donner une idée
complète du mérite du commentaire latin et des additions, qui n'en sont pas seulement le complément,
mais encore l'important corollaire, je voudrais au
moins vous faire connaître l'auteur de ces dernières,
quel fut l'homme, son caractère, sa vie. Bien peu de
documents peuvent permettre d'établir une certitude
à cet égard; il n'est guère resté de lui que ce grand
travail. Mais, s'il est vrai que le style, c'est l'homme
même, quelques conjectures sont possibles encore.

Il n'écrit point en latin. Son français n'est pas le
langage emphatique de Ronsard. C'est le style correct
et méticuleux de Malherbe. Dans sa phrase, pas d'or-
nement, pas d'écart, mais une remarquable propriété
d'expression. Organe du ministère public, calme,
digne et profond, il ne laisse voir dans sa pensée que

la recherche persévérante du juste milieu. Toute idée préconçue est soigneusement écartée. S'il rapporte un arrêt, il ne néglige pas d'en indiquer le point de fait et de mettre en relief tout ce qui est spécial à l'espèce. Cet esprit exact et patient semble bien convaincu que si la voie la plus rapide est rarement la plus sûre, par contre la plus sûre est toujours la plus rapide.

En débattant les intérêts respectifs des roturiers et des nobles, il avait tout à craindre des derniers, rien à attendre des premiers. Son argumentation n'en est que plus serrée quand il combat les priviléges injustes. Un sang-froid obstiné le fait planer au-dessus de toute crainte, et ce n'était pas une médiocre preuve de force à une pareille époque. [Dans tout ce que j'ai lu de lui, je n'ai vu qu'un seul mot vif. C'est à propos d'un moulin auquel le seigneur de Magnac veut forcer ses tenanciers de faire moudre. Après avoir démontré que la coutume condamne cette prétention, il ajoute : « Car si le baron de Magnac et autres seigneurs de la basse Marche en usent autrement, c'est mal. » Assurément les commentateurs modernes s'en permettent bien d'autres, et pourraient, à défaut de mieux, aller chercher dans leurs devanciers des leçons de courtoisie.

En résumant le caractère général des *Responsa*, on y trouve l'empreinte d'un grand esprit de conciliation et d'humanité. C'est, Messieurs, dans les traditions de leur famille que nos jurisconsultes durent le puiser ; elle occupait un rang considérable par l'ancienneté de sa noblesse, qui remonte au moyen âge. Son rôle dans l'histoire de l'époque fut, comme nous venons de le voir, essentiellement pacifique et judiciaire. Pourtant un des Constant, officier dans l'armée du roi de Navarre, lui sauva la vie à la bataille de Coutras, et fut un de ses plus braves lieutenants. Jean Constant, l'auteur des additions, sut, lui aussi, honorer sa vie par un grand acte de fermeté. Désigné pour prononcer le réquisitoire contre Urbain Grandier, dans le célèbre procès de Loudun, il ne craignit pas de braver la colère de Richelieu en refusant de soutenir cette accusation. Il ne paraît pas qu'aucune vengeance en ait été tirée contre lui. Moins heureux, le président Dumoutiers, qui dans la même affaire avait résisté aux menaces de Laubardemont, fut emprisonné au Fort-l'Évêque.

Je dois faire remarquer en terminant, Messieurs, que dans la rubrique des additions, on en indique comme le compilateur Jean Constant des Chezeaux, et non Jean Constant son père. Si j'en ai attribué le mérite principal à ce dernier, c'est que les dates des arrêts signalés concordent, en majeure partie, avec le temps où il dut occuper le siége du ministère public. Constant des Chezeaux lui-même en indique un grand nombre comme rendus sous la magistrature de Jean Constant. Quelle est au juste la part de chacun ? C'est ce qu'il serait bien difficile de déterminer. Constant des Chezeaux a eu certainement celle de la disposition, du classement. C'est à lui principalement que les contemporains, dans de nombreuses félicitations imprimées au frontispice du livre, en rapportent l'honneur. Sans oublier ses collaborateurs, j'imite les contemporains dans la reconnaissance que nous lui devons pour la conservation de ces précieux restes.

Les armes et la devise de cette famille résument parfaitement, Messieurs, la moralité de son histoire. Elle portait d'argent au palmier de sinople en pal, la terrasse de même, avec ces mots : *Hanc patriæ mihi cura dabit.*

Poitiers. — Typ. de A. Dupré.

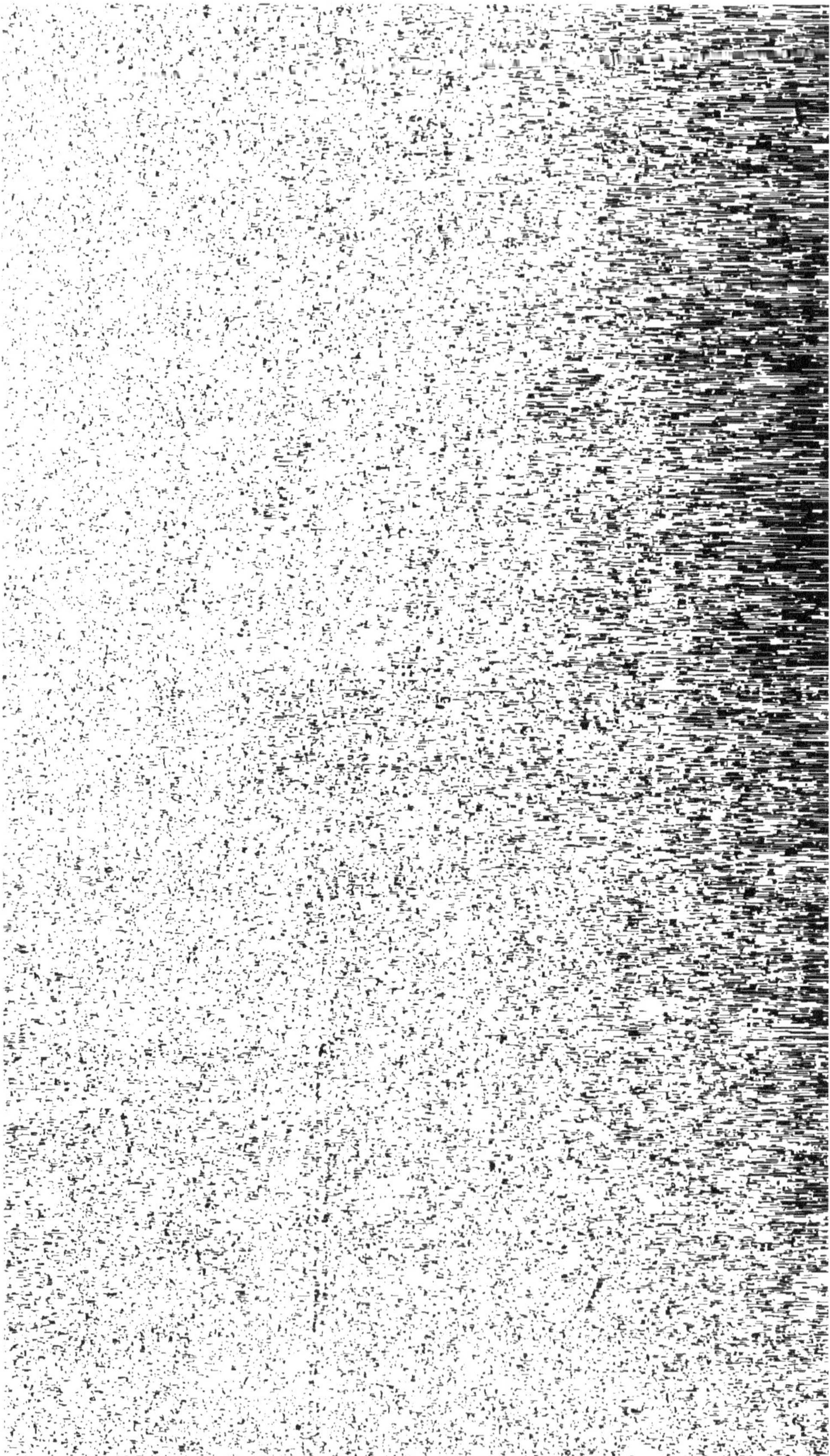